G∴ O∴ D∴ F∴

L∴ LE LIEN DES PEUPLES ET LES BIENFAITEURS RÉUNIS

Ten∴ sol∴ du 28 décembre 1889

L'ÉVOLUTION MORALE

ET

LE SOCIALISME

Par le F∴ Benoît MALON

(CHAPITRE V DU « *Socialisme intégral* » PAR LE MÊME AUTEUR)

PARIS

AU GRAND ORIENT DE FRANCE
16, RUE CADET, 16

A LA REVUE SOCIALISTE
8, RUE DES MARTYRS, 8

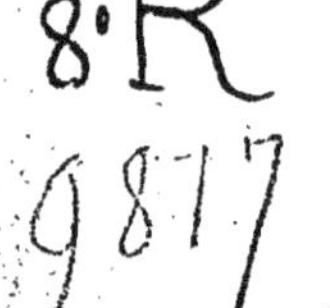

De 1785 à 1789, notre illustre F∴ Condorcet donnait à nos aînés la primeur de ses études philosophiques.

Un siècle a passé, et notre F∴ Malon marche sur les nobles traces de notre premier Vén∴

Grand profit autrefois et moralement et matériellement ; — de même aujourd'hui.

Exemple : l'impression et la vente de la présente brochure au bénéfice de l'Œuvre Maç∴ des Invalides du Travail votés à l'unanimité par notre L∴

Une façon à elle de célébrer un glorieux centenaire.

— Il appartient à présent aux F∴ Maç∴ Français, d'achever notre tâche ; c'est à eux d'y coopérer *tous* pour montrer qu'ils sont les dignes continuateurs d'une grandiose époque et d'une fraternelle tradition.

A.-F. PARMENTIER.

Président fondateur de l'*Œuvre Maç∴ des Invalides du Travail,*
Vén∴ d'hon∴ de la Resp∴ L∴ le Lien des Peuples
et les Bienfaiteurs réunis,
Off∴ de l'Ordre de la F∴ M∴ Univ∴

220, *Rue Saint-Maur, Paris.*

L'ÉVOLUTION MORALE

ET

LE SOCIALISME

A MES FRÈRES DE LA L∴

« LE LIEN DES PEUPLES ET LES BIENFAITEURS RÉUNIS. »

B. M.

S'il est indispensable de s'inspirer d'une idée novatrice pour travailler efficacement à une transformation politique et sociale, à plus forte raison l'établissement d'un système politico-social nouveau entraîne-t-il un nouveau système de devoirs et de droits, ou, pour parler plus exactement, une théorique et une pratique morales nouvelles.

Le socialisme ne saurait échapper à cette nécessité, puisqu'il est la grande question humaine de ce temps. On lui a, nonobstant, tellement reproché de n'être que le débordement des convoitises et la systématisation de l'immoralité qu'avant de développer les principes moraux dont il se recommande nous nous efforcerons de faire ressortir l'exacte « moralité » des anciennes théoriques qu'on lui oppose.

Ensuite, nous rechercherons avec circonspection et prudence, en nous appuyant à chaque pas sur les jalons plantés par les maitres de l'étique moderne, à délimiter les contours généraux de la morale sociale qui succédera aux morales individualistes, lorsque la civilisation bourgeoise aura fait place à une civilisation socialiste.

Nous n'aurons pas de peine, croyons-nous, à démontrer après cela que la régénération morale dont philosophes, sociologues et moralistes proclament la nécessité ne pourra découler que d'une préalable transformation sociale, ayant pour buts premiers l'organisation solidariste du travail et la justice économique.

. L'entreprise est arduc et bien faite pour rappeler cette parole d'un illustre homme d'Etat : « Quel temps je suis venu prendre pour entretenir les gens de pareilles questions ; c'est presque faire preuve de hardiesse que de concevoir un tel projet ; chacun vit dans son affaire, chacun est englouti dans le temps présent ; tout le reste paraît chimérique (1). » Tout cela reste vrai encore aujourd'hui ; mais P.-L Courier et Proudhon nous ont enseigné que publier sa pensée, lorsqu'il en croit la diffusion utile, est un devoir pour l'écrivain militant. J'invoque cette excuse, sinon ce devoir, et me borne à arguer de ma

---

(1) NECKER, *de l'Importance de l'opinion religieuse*

bonne intention, en faisant appel à l'indulgence du lecteur.

I

CLASSIFICATION PRÉLIMINAIRE. LA MORALE JÉHOVIQUE.

Toutes les morales que se sont données les hommes dans le cours des civilisations et des siècles (1) obéissent à l'un de ces trois mobiles :

1° *Crainte de Dieu ou des dieux;*

2° *Impératif de la conscience,* ou acceptation du devoir sans considération utilitaire d'aucune sorte ;

3° *Recherche du bonheur individuel ou collectif:*

Dans la première catégorie se rangent toutes les *morales religieuses,* dans la seconde les *morales métaphysiques,* dans la troisième la *morale utilitaire et la morale sociale.*

Les *mobiles ou motifs* moraux sus-indiqués sont contradictoires entre eux ; c'est là une vérité d'énonciation.

Tout naturellement donc, leurs protagonistes s'entre-réprouvent.

---

(1) Il ne sera question, ici, que des temps historiques. Ceux qui désirent remonter aux origines liront avec fruit l'*Evolution de la morale* du Dʳ Ch. Letourneau. Voir aussi le premier chapitre de notre *Morale sociale.*

Les sectateurs des morales religieuses, par exemple, prétendent que toute morale qui ne se rapporte pas à un Dieu et n'admet pas de sanction extra-terrestre est une fausse morale. A cela il est répondu par les moralistes métaphysiciens que toute morale basée sur la crainte de châtiments est une morale d'esclaves ou de marchands ; les utilitaires et les socialistes ajoutent que toute morale découlant de sanctions extra-terrestres est antihumaine et antisociale.

Abstraction faite des exceptions, immanquablement nombreuses, les phénomènes sociaux, si complexes, étant toujours très mêlés d'enchevêtrements contradictoires et de survivances ataviques, les *morales religieuses* ont présidé aux débuts de toutes les civilisations.

Les morales métaphysiques ont fait leur apparition lorsque l'élite intellectuelle de l'humanité a protesté contre l'asservissement religieux des âmes, contre ce que les Épicuriens appelèrent si expressivement *la terreur des dieux*.

Enfin les morales utilitaires et sociales ont été préconisées au moment où la pensée humaine, affranchie et ayant démasqué les prétendus révélateurs religieux, s'est sentie assez maîtresse des forces naturelles pour conclure à la possibilité du bonheur sur la terre, seule espérance rationnelle du genre humain.

Cependant, grâce aux complexités sociales plus

haut signalées, il se trouve qu'à notre époque, dans le rayon de la civilisation européo-américaine dont nous ne franchirons pas les limites, les trois grands mobiles moraux sont en présence et se disputent le gouvernement des consciences. Il convient donc, à plus forte raison, d'examiner le bien-fondé des prétentions respectives de leurs tenants, restés à l'état de guerre en face les uns des autres.

Le point de départ de toute morale, nous disent les religionnaires judéo-chrétiens, est dans le *Décalogue,* révélation divine que n'atteindra jamais la faible et la fausse sagesse humaine (1).

---

(1) « Je suis l'Éternel, ton Dieu, qui t'ai fait sortir du pays d'Égypte et de la maison de servitude.

Tu n'auras point d'autres dieux devant ma face.

Tu ne feras point d'image taillée ni de représentation quelconque des choses qui sont en haut dans les cieux, en bas sur la terre, plus bas que la terre dans les eaux. Tu ne te prosterneras point devant elles et tu ne les serviras point; car moi, l'Éternel, ton Dieu, je suis un Dieu jaloux qui punit l'iniquité du père sur les enfants jusqu'à la troisième et quatrième génération de ceux qui me haïssent, et qui fait miséricorde jusqu'à la millième génération à ceux qui m'aiment et qui observent mes commandements.

Tu ne prendras point le nom de l'Éternel, ton Dieu, en vain ; car l'Éternel ne laissera point impuni celui qui prend son nom en vain.

Souviens-toi du jour de repos pour le sanctifier; tu travailleras six jours et tu feras tout ton ouvrage.

Mais le septième jour est le jour de repos de l'Éternel, ton Dieu; tu ne feras aucun ouvrage, ni toi, ni ton fils, ni ta fille, ni ton serviteur, ni ta servante, ni ton bétail, ni l'étranger qui est dans tes portes, car en six jours l'Éternel a fait les cieux

Ainsi, disent-ils, tout esprit libre conviendra pourtant, à la lecture de ce document, que la sublimité des commandements ne saute pas aux yeux. Il semble même que le plus grand souci de Jéhovah ait été d'imposer son culte par la terreur.

Quand il daigne à la fin s'occuper de ses adorateurs terrorisés, il leur prescrit, en le motivant faussement, un sage précepte d'hygiène, le repos du septième jour.

Puis il promulgue quatre commandements négatifs, *ne pas tuer, ne pas voler, ne pas porter de faux témoignages, ne pas être adultère.*

C'est bon sans doute, mais parfaitement insuffisant. L'homme social n'a pas que des devoirs négatifs, il a aussi des devoirs positifs. La sagesse jéhovique ne paraît pas s'en douter. Il y a plus : le commandement touchant les mœurs a un caractère

---

et la terre, la mer et tout ce qui y est contenu, et s'est reposé le septième jour. C'est pourquoi l'Éternel a béni le jour du repos et l'a sanctifié.

Honore ton père et ta mère afin que tes jours se prolongent dans les pays que l'Éternel, ton Dieu, te donne.

Tu ne tueras point.

Tu ne commettras point d'adultère.

Tu ne porteras point de faux témoignages contre ton prochain.

Tu ne convoiteras point la maison du prochain; tu ne convoiteras point la femme de ton prochain, ni son serviteur, ni sa servante, ni son bœuf, ni son âne, ni aucune chose qui appartienne à ton prochain. »

exclusivement *propriétaire* qui en diminue singu-
lièrement la moralité.

En effet, il n'est pas dit que tu vivras chastement,
mais simplement: « Tu ne prendras pas la femme de
ton prochain, *car c'est sa propriété* au même titre que
sa maison, que ses serviteurs (esclaves), son bœuf ou
son âne. »

Les commentaires sacrés aggravent plutôt le né-
gatif *modus vivendi* social qui est contenu tout entier
dans la loi du talion : *œil pour œil, dent pour dent;*
les Fuégiens arrivent d'emblée à cette morale qualifiée de divine, et qu'on veut encore nous donner
comme la source de toute morale, comme le commandement définitif parfait (1).

Objectera-t-on, abandonnant le terrain religieux et
se plaçant sur le terrain historique, qu'au moment
de sa promulgation le *Décalogue* fut la moins mauvaise des lois morales.

---

(1) « Le peuple hébreu, dit un philosophe éminent, ayant
surtout été bigot, c'est l'idolâtrie qui, dans sa loi, est considérée comme le plus grand des crimes. Ainsi l'*Exode* con.
damne à mort quiconque ose travailler le jour du sabbat
(XXXII, 14). De même on y est sans pitié pour l'ennemi
vaincu; l'Éternel ordonne de passer au fil de l'épée, sans
exception, tous les habitants des villes de Chanaan (*Deutéro-
nome*, XX, 16, 17). Mais si un homme frappe son esclave ou
sa servante de telle sorte qu'ils puissent survivre seulement
un ou deux jours, l'homme ne sera point puni, *parce qu'il
les a achetés de son argent* (XXI, 20, 21). On le voit, Jéhovah
était déjà plein d'égards pour le dieu Mammon, destiné à le
supplanter. » (J. BAISSAC, *Origine des religions.*)

Nous sommes encore obligés de nier avec preuves irréfragables à l'appui.

Quinze cents ans avant l'époque où la légende juive raconte qu'un prêtre égyptien tira le petit peuple juif de la servitude pharaonique et lui donna le *Décalogue*, comme une émanation de la sagesse suprême, le *Rituel funéraire* égyptien interprété par Champollion était déjà en vigueur (1).

Or, que porte le chapitre CXXV du *Rituel* ?

Le mort ayant à répondre dans l'Amenthe aux quarante-deux juges infernaux doit pouvoir dire, pour être réputé juste :

« Je n'ai pas volé, je n'ai pas trompé, je n'ai pas blasphémé, je n'ai pas menti en justice, je n'ai pas commis de fraudes contre les hommes, je n'ai pas tourmenté de veuve, je n'ai pas fait exécuter à un chef de travailleurs plus de travaux qu'il n'en pouvait faire. — Je n'ai excité aucun trouble. — Je n'ai fait pleurer personne. — Je n'ai pas été paresseux. — Je n'ai jamais été négligent. — Je ne me suis pas enivré. — Je n'ai pas fait de commandements injustes. — Je n'ai pas eu une curiosité indiscrète. Je n'ai pas laissé aller ma bouche au bavardage. — Je n'ai frappé personne. — Je n'ai pas tué. — Je n'ai pas ordonné le meurtre par trahison. — Je n'ai causé de crainte à personne. — Je n'ai pas médit d'autrui. — Je n'ai pas rongé mon cœur d'envie. — Je n'ai pas intenté de fausses accusations. — Je n'ai pas retiré le lait de la bouche des nourrissons. — Je n'ai pas pratiqué d'avortement. »

Le lecteur peut faire la comparaison.

---

(1) Communication de M. François Lenormand, membre de l'Institut.

Les *mobiles* de la morale jéhovique, si insuffisante, étaient-ils au moins d'ordre supérieur?

Cela dépend des points de vue; en tout cas les spiritualistes flétriront ces mobiles en leur reprochant d'être ce qu'il y a de plus matérialiste et de plus immédiatement intéressé.

Le Dieu d'Abraham, d'Isaac et de Jacob n'a aucune idée de l'immortalité de l'âme. Ses menaces sont de cette vie : les textes ne permettent pas de contestation (1).

Les promesses ne sont pas d'ordre moins terrestre,

---

(1) « Si vous me désobéissez, j'enverrai sur vous la terreur, la consomption et la fièvre, qui rendront vos yeux languissants et votre âme souffrante; et vous sèmerez en vain vos semailles, vos ennemis les dévoreront. Je tournerai ma face contre vous, et vous serez battus devant vos ennemis; ceux qui vous haïssent domineront sur vous, et vous fuirez sans que l'on vous poursuive.

Si malgré cela vous ne m'écoutez pas, je vous châtierai sept fois plus pour vos péchés. Je briserai l'orgueil de votre force; je rendrai votre ciel comme du fer et votre terre comme de l'airain.

Votre force s'épuisera inutilement, votre terre ne donnera pas ses produits et les arbres ne donneront pas leurs fruits.

Si vous me résistez et ne voulez point m'écouter, je vous frapperai sept fois plus selon vos péchés. J'enverrai contre vous les animaux des champs, qui vous priveront de vos enfants, qui détruiront votre bétail et qui vous réduiront à un petit nombre, et vos chemins seront déserts.

Si ces châtiments ne vous corrigent point et si vous me résistez, je vous résisterai aussi et je vous frapperai sept fois plus pour vos péchés. Je ferai venir contre vous l'épée qui vengera mon alliance. » (*Lévitique*, ch. XXV.)

et là encore les textes écartent toute possibilité de controverse (1).

Nous ne ferons pas de difficulté pour reconnaître que le réalisme matérialiste n'est pas sans avantage; il a fait d'un peuple obtus, dur et faible par le nombre, un peuple indestructible, et qui a eu ses grandeurs avec les prophètes progressistes ou révolutionnaires : Ésaïe, Jérémie, Osée, Amos, Michée, Ézéchiel (2), par lesquels il arriva jusqu'à une sorte de socialisme.

---

(1) « Si vous m'obéissez, je vous enverrai la pluie et le beau temps en leur saison; la terre donnera ses produits et les arbres des champs donneront leur fruits.

A peine aurez-vous battu le blé que vous toucherez à la vendange, et la vendange atteindra les semailles; vous mangerez votre pain à satiété et vous habiterez en sécurité dans votre pays. Je mettrai la paix dans le pays, et personne ne troublera votre sommeil; je ferai disparaître du pays les bêtes féroces, et l'épée ne passera pas dans votre pays; vous poursuivrez vos ennemis, et ils tomberont devant vous par l'épée.

Cent d'entre vous en poursuivront dix mille, et vos ennemis tomberont devant vous par l'épée. Je me tournerai vers vous, je vous rendrai féconds, et je vous multiplierai et je maintiendrai mon alliance avec vous. Vous mangerez des anciennes récoltes, et vous sortirez les vieilles pour faire place aux nouvelles. » (*Lévitique*, ch. XXVI.)

(2) Voir sur le sémitisme les savantes études (*Aryens et Sémites*) de notre collaborateur Albert Regnard; voir aussi dans le *Molochisme juif*, par Gustave Tridon, ancien membre de l'Assemblée nationale et de la Commune de Paris, la lumineuse démarcation entre les prophètes molochistes, « tigres toujours altérés de sang, » comme Samuel, Élie et Élisée, et les prophètes novateurs que nous avons nommés plus haut, auxquels il faut ajouter Esdras, le scribe réformateur, et le

« Qu'ai-je à faire, disait Ésaïe, le sage conseiller du roi Ézéchias, qu'ai-je à faire du sang et de la graisse des animaux que vous sacrifiez ?

« Qu'ai-je à faire aussi de vos mortifications stériles ?

« Voici le jeûne auquel je prends plaisir : Détache les chaînes de la méchanceté. Dénoue les liens de la servitude. Renvoie libres les opprimés, et que l'on rompe toute espèce de joug. Partage ton pain avec celui qui a faim, et fais entrer dans ta maison le malheureux sans asile. Si tu vois un homme nu, couvre-le ; ne te détourne point de ton semblable ; alors la lumière poindra comme l'aurore. »

Cette morale prophétique est bien supérieure à celle du divin *Décalogue*. Le grand prophète qui avait sauvé son pays de l'invasion assyrienne de Sennachérib, et que pour récompense le roi molochiste Manassès fit scier entre deux planches, avait bu à des sources plus pures que celles d'Horeb. Et ce n'est pas tout ; sa morale sublime a pour complément la justice économique bien comprise :

« Ceux qui auront amassé le blé le mangeront ; ceux qui auront récolté le vin le boiront... ils bâtiront des maisons et les habiteront. Ils planteront des vignes et en mangeront le fruit ; ils ne travailleront pas en vain. Ils n'auront pas d'enfants pour les voir périr, car ils formeront une race bénie de l'Éternel, et leurs enfants seront avec eux... Il ne se fera ni tort ni dommage sur toute ma montagne sainte. »

---

néo-prophète Néhémie. Le roi selon le cœur des prophètes molochistes, comme Samuel, fut l'usurpateur David, l'homme de toutes les scélératesses et de toutes les cruautés ; les rois conseillés par les Ésaïe et les Jérémie furent les Ézéchias et les Josias, rois purificateurs et réparateurs.

S'inspirant des mêmes principes, Jérémie, conseiller du bon roi Josias, fit retrouver d'anciens textes de loi prétendûment perdus, en vertu desquels chaque septième année les dettes devaient être abolies, et chaque cinquantième année les esclaves devaient être affranchis et les propriétés restituées aux pauvres dont les pères les avait vendues. Ces prescriptions concernant les *Années sabbatiques et les Jubilés* furent conservées par Esdras dans sa reconstitution des anciens livres, mais on ne sait si elles furent appliquées. Le *Jubilé* le fut en tout cas au moins une fois sous la pression de Jérémie, au temps du roi Sédécias, et cette année-là fut, dans un petit coin de la Palestine, une année d'affranchissement de tous les esclaves et de distribution des terres, véritable révolution sociale, dont les conséquences bienfaisantes furent stérilisées par la captivité de Babylone (1).

Pourquoi faut-il ajouter que la morale biblique, si justement qualifiée par J. S. Mill de « système barbare fait pour un peuple barbare (2) », est bien supérieure, au point de vue pratique, à la morale chrétienne.

---

(1) L'église catholique a donné une triste parodie du Jubilé émancipateur et égalitaire de Jérémie par l'institution du même nom que Boniface VIII inaugura en 1300 et qui ne fut (il est resté tel) qu'un prétexte à fiscalité pieuse.

(2) J. S. Mill, *de la Liberté.*

II

LA MORALE CHRÉTIENNE.

L'évangélisme, que, par la plus étrange des adap-
tations, on a fait dériver du judaïsme, en parait
l'exacte contre-partie. La morale judaïque est toute
utilitaire ; entre Jéhovah et son peuple, c'est donnant
donnant, tandis que la morale évangélique, insou-
cieuse du monde, semble un écho du bouddhisme (1).

---

(1) « Bienheureux les pauvres d'esprit, parce qu'à eux appartient le royaume des cieux. Bienheureux ceux qui sont
doux, parce qu'ils posséderont la terre. Bienheureux ceux qui
pleurent, parce qu'ils seront consolés. Bienheureux sont ceux
qui ont faim et soif de la justice, parce qu'ils seront rassasiés.
Bienheureux les miséricordieux, parce qu'ils obtiendront miséricorde. Bienheureux les pacifiques, parce qu'ils seront ap-
pelés fils de Dieu. Bienheureux ceux qui souffrent des persé-
cutions pour la justice, parce que le royaume des cieux est à
eux.

« Vous avez appris qu'il a été dit : *Œil pour œil, dent pour
dent*. Et moi, je vous dis de ne pas résister au mal que l'on
veut vous faire ; mais si quelqu'un vous frappe sur une joue,
tendez-lui l'autre, et si quelqu'un veut vous prendre votre
tunique, abandonnez-lui encore votre manteau.

« Vous avez appris qu'il a été dit : Vous aimerez votre prochain et vous haïrez vos ennemis. Et moi, je vous dis : Aimez
vos ennemis, faites du bien à ceux qui vous haïssent et priez
pour ceux qui vous persécutent et qui vous calomnient, afin
que vous soyez les enfants de votre père qui est dans les cieux,
qui fait lever son soleil sur les méchants et fait pleuvoir également sur les justes et sur les injustes. Car si vous n'aimez

Mais ce n'est pas d'elle que s'inspira le christianisme.

Du doux et légendaire Jésus de Nazareth, si miséricordieux aux pécheurs, si bon aux souffrants, les docteurs du christianisme ont fait un Dieu incomparablement cruel, inconcevablement injuste. Ne dépasserait-il pas en effet les limites du plus atroce arbitraire, le Dieu omniscient et omnipotent qui aurait créé le monde et les centaines de milliards d'êtres humains destinés à l'habiter successivement, dans le simple but de les livrer aux plus effroyables supplices dans des flammes d'inassouvissable haine, d'éternelle et inepte vengéance? Et cela, non pas même d'après les mérites forcément très relatifs de créatures que ce Dieu aurait faites, en somme, ce qu'elles sont, bonnes ou mauvaises, mais d'après son bon plaisir à lui, Dieu aussi suprêmement méchant que souverainement puissant? Or, tels sont bien les enseignements de Paul de Tarse, le véritable fondateur du christianisme, l'apôtre universel, également qualifié de plus grande lumière chrétienne par les catholiques et par les protestants (1).

---

que ceux qui vous aiment, quelle récompense aurez-vous? Les publicains ne le font-ils pas ainsi?

« Et si vous ne saluez que ceux qui vous saluent, que faites vous en cela de plus que les autres?

« Ceux qui ne sont pas Juifs ne le font-ils pas aussi? Vous, soyez parfaits comme notre Père céleste est parfait. »

(1) « Il en fut ainsi de Rebecca, qui conçut du seul Isaac

Il y eut bien des révoltes contre la monstrueuse doctrine ; mais avec l'appui des césars byzantins Augustin, le second fondateur du christianisme, la fit triompher, et il devint bientôt article de foi que *« tous les hommes ont mérité la damnation ; que si quelques-uns sans aucun mérite de leur part sont épargnés, c'est le pur effet d'une miséricorde toute gratuite. Quant aux autres, ils ne font que subir un juste châtiment* (1) ».

---

notre père ; car quoique les enfants ne fussent pas encore nés et qu'ils n'eussent fait ni bien ni mal, afin que le dessein d'élection de Dieu subsistât sans dépendre des œuvres et par la seule volonté de celui qui appelle, — il fut dit à Rebecca : Le plus grand sera assujetti au plus petit ; selon qu'il est écrit : J'ai aimé Jacob et j'ai aimé Esaü.

« Que dirons-nous donc ? Y a-t-il en Dieu de l'injustice ! Loin de là ! Car il dit à Moïse : Je ferai miséricorde à qui je fais miséricorde, et j'aurai compassion de qui j'ai compassion. Ainsi donc, cela ne dépend ni de celui qui veut, ni de celui qui court, mais de Dieu qui fait miséricorde. Car l'Écriture dit à Pharaon : Je t'ai suscité à dessein pour montrer en toi ma puissance, et afin que mon nom soit publié par toute la terre. Ainsi il fait miséricorde à qui il veut, il endurcit qui il veut.

« Tu me diras : Pourquoi blâme-t-il encore ? Car qui est-ce qui résiste à sa volonté ? O homme, toi, plutôt qui es-tu pour contester avec Dieu ? Le vase d'argile dira-t-il à celui qui l'a formé : Le potier n'est-il pas maître de l'argile pour faire avec la même masse un vase d'honneur ou un vase d'un usage vil ? Et que dire si Dieu, voulant montrer sa colère et faire connaître sa puissance, a supporté avec une grande patience des vases de colère formés pour la perdition, et s'il a voulu faire connaître la richesse de sa gloire envers des vases de miséricorde qu'il a d'avance préparés pour la gloire ? » (Epître de Saint Paul aux Romains.)

(1) Saint Augustin, *la Cité de Dieu.*

2.

Vous avez bien lu :

Lorsque l'on songe que la damnation, si libérale-
ment octroyée à tout le genre humain au caprice d'un
Dieu impitoyable et fantasque, c'était une éternité
d'inénarrables supplices dans des flammes inexora-
blement éternelles, on ne peut que frissonner d'indignation et d'horreur. Michelet, en sa vivante *Histoire de France*, parle avec épouvante de la somme
de douleurs que pendant quinze siècles la terrifiante
théorie a jetée dans les âmes croyantes; et il se demande si jamais dogme plus déprimant, plus fon-
cièrement immoral, opposa son veto au progrès
humain. Or, il fallait croire ou mourir; le même Augustin, précurseur de saint Dominique et de l'Inquisition, l'enseigna sur un ton qui ne permettait pas
de réplique (1).

---

(1) « *Le salut ne peut se trouver nulle part que dans
l'église catholique.* Imaginez un homme ayant d'excellentes
mœurs ; s'il n'a pas la foi, elles ne sauraient lui apporter
aucun avantage. Prenez-en un autre dont les mœurs sont
moins bonnes ; s'il possède la foi, il peut obtenir le salut auquel le premier ne peut arriver. »

« Dans ceux qui n'ont pas voulu s'instruire, l'ignorance
est un péché ; *dans ceux qui ne l'ont pas pu, c'est la peine
du péché* originel ; donc, ni les uns ni les autres n'ont une
juste excuse ; ils subissent les uns et les autres une juste
condamnation. Socrate, Marc-Aurèle, Scipion, sont tous ex-
clus du royaume éternel. Des païens ne sauraient être sauvés, n'ayant pas la foi en Jésus-Christ. S'ils étaient sauvés,
ce divin sauveur serait donc mort inutilement ! »

« *Toute justice dont la piété n'est pas le mobile n'est pas*

Mais dira-t-on, le sinistre Africain ne fit pas la loi sans conteste, le dogme de la *prédestination* fut adouci en Occident par la théorie de la grâce suffisante. C'est vrai. Mais il est vrai également, et ici il faut, selon la forte expression de Carlyle, faire une pause « en silence et en douleur sur les ténèbres qui sont dans l'homme », il est vrai également que l'effroyable doctrine fut reprise au seizième siècle par Luther, Mélanchton, Calvin et leurs innombrables sectateurs. Il est vrai encore qu'elle fut revivifiée au dix-septième siècle par Jansénius, et qu'elle domine encore le protestantisme et le jansénisme (1).

---

la justice. Toute vertu qui n'a pas Dieu pour objet n'est pas une vertu, mais un vice.

« Dieu a dit : tu ne tueras point. Mais s'il n'y a plus de défense, il n'y a plus de crime, et *si Dieu, par une prescription spéciale, ordonne de tuer, l'homicide est une vertu.*

« C'est en vue du bien des hérétiques qu'on les contraint à changer de foi. Agir autrement à leur égard, ce serait leur rendre le mal pour le mal. Comparez ce que font les hérétiques et ce qu'ils subissent : ils tuent des âmes, on les frappe dans leur corps. Peuvent-ils se plaindre de recevoir la mort temporelle, eux qui infligent la mort éternelle ! »

« *Les bons et les méchants peuvent faire la même chose, mais dans des desseins différents. C'est par juste vérité et par amour que les bons persécutent les méchants.* (SAINT AUGUSTIN, *Cité de Dieu*, passim.)

(1) Comment lire sans indignation, dit Louis Blanc dans le premier volume de son *Histoire de la Révolution*, en citant Jansénius, Boursier, Nicole, Royaumont, le Tourneux, Gerberon, comment lire sans indignation et sans effroi, dans le

Heureusement qu'à un certain degré de développement l'homme est supérieur à ses vieilles croyances. Malgré saint Paul et saint Augustin, les chrétiens croient aux œuvres. Ils regimbent devant l'arbitraire divin, mais ils en sont encore à la *crainte de Dieu* comme mobile moral unique. Or, quel bien social attendre d'une doctrine où la *volonté divine* interprétée par les prêtres est tout, tandis que le *monde social* ne pèse pas un atome?

Les héros de *la crainte de Dieu*, ce furent les solitaires de la Thébaïde, ce sont encore les moines cloîtrés qui fuient le monde, foulent aux pieds les affections les plus naturelles, les devoirs sociaux les plus stricts, pour s'en aller égoïstement, au prix de ridicules macérations, conquérir leur part de paradis, comme le firent les Antoine, les Pacome, les Siméon Stylite et autres personnages terrifiés par la peur de l'enfer. La morale humaine répudie ces déserteurs du devoir social, qui ont fui le monde et ses

---

Dictionnaire du jansénisme, les maximes qui précisent, qui résument l'esprit de la secte ? — « Jésus-Christ n'est pas plus mort pour le salut de ceux qui ne sont pas élus, qu'il n'est mort pour le salut du diable. » — « Dieu a pu avant la prévision du péché originel prédestiner les uns et réprouver les autres…, tout cela est arbitraire dans Dieu. » — « Dieu a fait par sa volonté cette effroyable différence entre les élus et les réprouvés. » — « Dieu seul fait tout en nous. » — « L'homme criminel, sans l'aide de la grâce, est dans une nécessité de pécher, etc…, etc… »

charges, poussés exclusivement par l'égoïste préoccupation de leur salut individuel !

Les socialistes que les chrétiens anathématisent comme incroyants nous disent, au contraire, que le but égoïste est un but inférieur, que les hommes ne doivent pas séparer leur salut du salut de leurs semblables, et travailler, dans la souffrance, dans l'épreuve, sous les outrages, à la rédemption collective, sans rien attendre pour eux-mêmes, disant avec Proudhon que « s'ils ont perdu la foi en Dieu, ils ont acquis la foi en l'humanité, qui dit justice, indulgence, bonté et solidarité ».

Tous les chrétiens, je le sais, n'ont pas en vue que leur « salut éternel » ; de nos jours beaucoup d'entre eux admettent qu'il faut travailler à l'avènement de la justice dans l'humanité, et ils agissent d'après ces principes. Ceux-là, les meilleurs, rejettent pratiquement le mobile de *la crainte de Dieu*, dont ils prononcent ainsi, qu'ils le veuillent ou non, la condamnation : leurs œuvres sont en rébellion contre leur *foi*.

En résumé, basée sur la soumission absolue à une entité immuablement implacable, la morale religieuse est forcément contraire au progrès social et au bonheur des hommes. Au progrès social : la douloureuse histoire des quinze derniers siècles d'intolérance oppressive illustrée par le massacre de millions de libres penseurs et d'hérétiques et par cette honte éternelle du catholicisme : l'Inquisition , que la cruelle Isabelle de Castille et son exécrable confesseur Torquemada inaugurèrent en Espagne d'après les enseignements de saint Augustin, de saint Thomas d'Aquin (1), de saint Dominique (l'inspirateur du massacre des *Albigeois*). Les voies sinistres étaient d'ailleurs ouvertes depuis longtemps. Depuis la destruction du *Sérapéum* et l'incendie de la Bibliothèque d'Alexandrie par les hordes monacales de l'évêque Théophile ; depuis surtout l'assassinat, par les bandes de l'évêque Cyrille, de la dernière représentante de la philosophie, la glorieuse Hypatie (2), il était entendu que le fondement de toute science est dans les Écritures et dans la Révélation écrite ; que Dieu ne nous a pas seulement donné un critérium du vrai, mais qu'il nous a appris tout ce qu'il voulait que nous sussions, et que les Écritures contiennent la somme des connaissances nécessaires (3).

---

(1) « Si les faussaires et autres malfaiteurs sont justement punis par les princes séculiers, à plus forte raison les hérétiques convaincus doivent-ils être non seulement excommuniés, mais punis de mort. L'Église témoigne d'abord sa miséricorde pour la conversion des égarés; car elle ne les condamne qu'après une première et une seconde réprimande. Mais si le coupable est obstiné, l'Église, désespérant de sa conversion et veillant sur le salut des autres, le sépare de l'Église par sa sentence d'excommunication et le livre au jugement séculier pour être séparé de ce monde par la mort. (SAINT THOMAS D'AQUIN, *la Somme théologique.* »

(2) CHATEAUBRIAND. *Études historiques.*

(3) DRAPER, *les Conflits de la science et de la religion.*

Augustin et Eusèbe systématisèrent la chose, et la science, la grande libératrice, la source vive de la justice, dont la bonté est le principe, fut non seulement anathématisée, mais livrée aux tortionnaires du fanatisme agissant jusque dans l'époque moderne (1). Cela dura d'ailleurs autant que la puissance chrétienne : Giordano Bruno, Vanini, La Barre, en témoignent par leurs supplices, jusqu'au xviie siècle (2).

Au point de vue éducatif, la morale chrétienne n'est pas moins dépressive ; un généreux philo-

---

(1) Les Espagnols brûlèrent à Mexico des monceaux d'écritures hiéroglyphiques, et le cardinal Ximénès réduisit en cendres, sur la place de Grenade, huit mille manuscrits arabes. Qui évaluera ces pertes du savoir humain ?

(2) D'après le professeur Arnold Dodelfort, on relève sur les registres de la prison de Lucerne qu'en 1659, en cette ville, une petite fille âgée de sept ans et nommée Catherine fut attachée à un poteau et brûlée vive par ordre du tribunal criminel, parce qu'elle ne pouvait pas croire à un Dieu en trois personnes.

La Réforme ne mit nullement fin à cette proscription de la pensée humaine, comme l'attestent les anathèmes furibonds de Luther, de Mélanchton contre la science et contre la philosophie ; comme l'atteste plus cruellement le bûcher de Michel Servet, allumé par le dur Calvin. Le protestant libéral Draper dit expressément dans ses *Conflits de la science et de la religion :* « La funeste maxime autrefois mise en avant par Tertullien et saint Augustin, et qui avait été si profitable à la papauté, que toute science est renfermée dans les Écritures, fut énergiquement maintenue. Les chefs de la Réforme, Luther et Mélanchton, étaient décidés à bannir la philosophie de l'Église. »

sophe (1) l'a dit : croire à la méchanceté de quelqu'un, c'est le rendre en général plus méchant qu'il n'est. Or, qu'elle est l'idée dominante de la morale chrétienne : l'impuissance de la volonté sans la grâce ; en d'autres termes, l'opposition du vouloir et du pouvoir, le péché originel installé au cœur de l'homme et le déprimant dès l'enfance. Rien n'est plus propre à raréfier les efforts moraux.

Ennemi de la science et de la raison, c'est-à-dire du progrès philosophique et social, le mobile religieux n'est pas moins contraire au bonheur des hommes, auxquels il impose des souffrances sans profit, des privations inutiles et des terreurs infinies, tandis qu'il déprime l'âme humaine, en la déformant par les antipathies sectaires, par la perversion de la raison résultant de la disjonction de la croyance et de l'expérience, par le fanatisme haineux et par la condamnation des meilleurs sentiments affectifs et sociaux (2).

Les moralistes philosophiques utilitaires et socialistes ont donc raison de repousser le mobile religieux de la morale (la crainte d'un Dieu omnipotent et arbitraire). Ce mobile a eu son heure d'efficacité relative aux débuts des civilisations, mais il est maintenant illusoire dans son principe et antisocial.

---

(1) Guyau, *de l'Éducation et de l'hérédité.*

(2) V. *La Religion naturelle, son influence sur le bonheur du genre humain,* par Jérémie Bentham et Georges Grote.

dans ses commandements, puisqu'il sacrifie à un absolu chimérique, tout au moins indémontrable, les lois vivantes, les souffrantes réalités humaines et terrestres.

« Souffrir, dit Feuerbach, est le grand commandement du christianisme ; l'histoire du christianisme lui-même est la Passion de l'Humanité. »

Or, il est enseigné, sous les portiques socialistes, que l'homme a pour devoir de combattre le mal et la souffrance en lui et autour de lui ; de contribuer de toutes ses forces à faire de son globe un Éden de lumière, de bonté, de justice et de bonheur.

III

UNE VICTOIRE DE LA PHILOSOPHIE.

Avec le scepticisme, quelquefois profond, toujours ironique, qui le distingue, Ernest Renan a décoché ce trait à la philosophie : « On compterait les âmes
« qu'a ennoblies la philosophie ; on ferait en quatre
« pages l'histoire de la petite aristocratie qui s'est
« groupée sous ce nom ; le reste, livré au torrent
« de ses rêves, de ses terreurs, de ses enchante-
« ments, a roulé pêle-mêle dans les hasardeuses
« vallées de l'instinct et du délire, ne cherchant sa
« raison d'agir et de croire que dans les éblouisse-

« ments de son cerveau et les palpitations de son
« cœur. »

On pourrait tout d'abord répondre, avec Tyndall,
qu'en somme la philosophie vivifiée par la science
aura bientôt délivré l'homme occidental des terreurs
et des servitudes religieuses, et que ce n'est pas là
une œuvre si dédaignable. Nous préférons montrer
par un exemple illustre qu'une élite de concitoyens,
assez mal lotis en fait de religion, voire même en
fait de moralisme, mais ayant puisé le courage dans
les enseignements philosophiques, a quelquefois
vaincu et subjugué les masses innombrables de sujets
relevant pourtant de la plus sublime des morales
religieuses.

Cinq siècles avant l'ère vulgaire, la monarchie
perse était à son apogée. Maîtresse de l'Asie Mineure
et de l'Asie centrale, de l'Afrique occidentale, elle dé-
bordait sur l'Europe, qui était gardée seulement par
le petit peuple hellénique divisé en cités républi-
caines ennemies.

Au point de vue religieux, la supériorité persique
éclatait à tous les yeux. Là étaient en vigueur les
enseignements de Zoroastre, le plus pur et le plus
grand des révélateurs religieux.

On connaît la conception parsiste :

Ormuzd avait créé toutes choses parfaites; mais Ahriman a
introduit le mal dans l'Univers, et le grand combat se livre
d'un côté entre Ormuzd, génie du bien ayant pour auxi-

liaires les sept *Amschaspands*, chefs eux-mêmes de la foule innombrable des *Izeds* (sorte d'anges), et les *Ferouers* (sorte d'âmes), et d'un autre côté Ahriman, génie du mal, ayant pour auxiliaires les sept *Darcands*, chefs eux-mêmes de la tourbe immense des *Daevas* ou esprits du mal.

La bataille sera longue et terrible, non éternelle néanmoins, car Ormuzd l'emportera, et Ahriman lui-même s'amendera avec tous les siens et viendra s'absorber dans la pure lumière de l'éternelle justice et du bonheur universel. Il en sera ainsi de tous les méchants; après une période d'expiation, ils viendront, purifiés, réconciliés, partager la félicité des bons, qui deviendra ainsi universelle et éternelle.

Tel était le dogme; voyons la morale.

Le *Nekah* ou bénédiction nuptiale, promulgué par Zoroastre, portait :

« Au nom du Dieu libéral, bienfaisant et miséricordieux,
« Au nom d'Ormuzd secourable, soyez instruit de ce qui est pur ! Faisant le bien d'une manière convenable, appliquez-vous à penser le bien, à dire le bien, à faire le bien... Dites la vérité au milieu des grands. Parmi vos amis, ayez le visage doux et les yeux bienfaisants. Ne faites pas de mal à votre prochain. Ne vous laissez aller ni à l'envie, ni à l'orgueil, ni à la vanité. Ne prenez pas le bien d'autrui; abstenez-vous de la femme de votre prochain. Fuyez les méchants. Répondez avec douceur à votre ennemi. Rendez-vous plus célèbre que votre père. Ne faites point de mal à votre mère. Comme le corps et l'âme sont amis, soyez l'ami de vos frères, de votre femme, de vos enfants. »

Quelle comparaison établir, au point de vue moral, entre l'olympisme hellénique et le magisme perse ?

Les dieux de l'Olympe ne diffèrent des hommes que par la puissance plus grande et la perpétuité de la jeunesse; ils ont tous les vices de notre pauvre engeance. Junon est vindicative ; Apollon et Minerve sont bassement jaloux (supplice de Marsyas, métamorphose d'Arachné); Diane est insociable et cruelle, Mercure est voleur de troupeaux et proxénète de Jupiter; Mars, brutal et querelleur; Vénus, folle de son corps; Bacchus et Silène divinisent l'intempérance, et Priape la fornication. Quant à Jupiter, roi des dieux et des hommes, qui a commencé par déposséder et mutiler son père, par livrer aux vautours du Caucase Prométhée, le bon Titan, le sauveur des hommes, il est surtout le roi des adultères. Il devint même le roi d'une autre sorte de gens, depuis que par l'enlèvement du bel éphèbe Ganymède, substitué à la ravissante Hébé, l'adolescente divine, il eut donné la consécration olympienne aux mœurs érastiques, d'ailleurs fort bien vues dans toute l'Hellénie et d'institution nationale en Crète (1).

Singulière éducation religieuse, on en conviendra. Mais il y avait compensation ; la philosophie avait touché le sol hellénique de sa baguette d'or et élevé les âmes en soulevant les problèmes de la vie, de la mort, de l'origine de l'évolution des choses, des devoirs et des droits politiques, bref, des plus importantes questions qui aient jamais fait battre le cœur humain. Au moment où nous sommes, Phéré-

____

(1) LETOURNEAU, *l'Évolution politique.*

cyde, Thalès, Anaximandre, Anaxagore, ont cherché les lois du monde et des choses avec les seules lumières de la science naissante et de la raison humaine.

Parménide, devançant Spinosa de vingt-quatre siècles et la pléiade philosophique allemande de vingt-deux siècles, jette les fondements du panthéisme occidental.

Héraclite, non moins grand, révèle le mystère de l'évolutionnisme et apprend aux hommes (qui ont mis plus de deux mille ans à le comprendre) que rien ne *subsiste*, mais que tout *devient*, l'éternel devenir étant la loi universelle des êtres et des choses.

Prenant la vérité par une autre racine, Démocrite — le premier et le plus grand ancêtre du matérialisme — enseigne, préparant les voies à Leucippe, qui va suivre, que rien ne peut sortir de rien, que la matière éternelle est un composé d'atomes qui s'agrègent, se désagrègent et se meuvent en tourbillons dans l'espace, dont ils constituent les pleins. Plus idéaliste, Empédocle apporte à l'humanité pensante l'idée féconde (reprise au XIX° siècle par Saint-Simon et par Herbert Spencer) que le développement universel résulte de périodes alternatives d'intégration et de dissociation.

Dans l'ordre expérimental, Hippocrate crée la médecine, tandis qu'obéissant à l'inspiration des muses civiques, Eschyle, le père de la tragédie, ferme d'une âme fière et d'une main virile le temple du Destin, instaure dans Athènes le culte de la Sagesse et annonce, avec le règne des lois justes, les futurs triomphes de l'action humaine. Qui nommer encore ? tout est tellement social dans cette magnifique Hellade que les poètes mêmes n'y sont ni des rêveurs solitaires, ni des parasites des grands.

« Ils se mêlent, dit Louis Ménard (1), à la vie active dans les luttes pour la conquête du droit, et c'est le cœur de la patrie qui bat dans leur poitrine. » Déjà les Théognis, les Simonide, les Callinus, les Mimnerme, les Phocylide ont, sur les traces d'Hésiode, chanté le travail, la modération, la justice, glorifié la valeur et sanctifié l'amour de la patrie. Au nombre de ces poètes gnomiques et philosophistes s'est placé Solon, plus grand et plus illustre pour avoir mis le sceau à la grandeur morale et politique d'Athènes, en la dotant d'une législation démocratique, très soucieuse du travail et de la justice.

Peu après Solon, le plus grand des philosophes antiques, l'initié de tous les mystères, Pythagore, a dit aux hommes, en leur proposant une morale sublime : Devenez dieux vous-mêmes, c'est-à-dire fortifiez-vous par la science, perfectionnez-vous par la pureté, la justice et la bonté, et, ainsi préparés, sub-

----

(1) Louis MÉNARD, *du Polythéisme hellénique.*

juguez la nature, en découvrant ses lois, et faites de la terre un lieu de délices (1).

Tels ont été ou sont les éducateurs philosophiques de l'Hellénie, lorsque les innombrables armées perses envahissent la presqu'ile qui fièrement émerge, entre les mers d'Ionie, d'Egée et de Crète. Tout semble perdu ; mais les Athéniens, optimistes comme tous les vaillants (2), refusent de désespérer, et sous la conduite de Thémistocle et de Miltiade ils s'en vont un contre vingt, Eschyle dans les rangs comme simple hoplite, battre les ennemis de la liberté et sauver l'Europe, à Marathon.

Chassés une première fois avec Darius, les envahisseurs reviennent, avec Xerxès, quatre fois plus nombreux, sur douze mille vaisseaux. Après s'être heurtés aux trois cents de Léonidas dans les défilés

---

(1) La morale pythagoricienne a été splendidement résumée par Théano, d'abord fille adoptive, puis épouse de Pythagore, dans les *Vers dorés*, dont l'initié *Fabre d'Olivet* nous a donné une traduction devenue classique. Nous les avons reproduits dans notre *Morale sociale*.

(2) L'optimisme n'est pas toujours conforme à la réalité des choses, mais il est souvent le chemin de la victoire. Il sauva la liberté ancienne avec les Athéniens, il a fondé la liberté moderne avec les Français de la grande Révolution. « La sagesse consiste peut-être à *penser en pessimiste*, car la nature des choses est cruelle et triste, et à *agir en optimiste*, car l'intervention humaine est efficace pour le mieux-être moral et social, et nul effort de justice et de bonté, quoi qu'il puisse nous apparaître, n'est jamais complètement perdu. (B. MALON, *Morale sociale*.)

des Thermopyles, ils trouvent encore la défaite devant les Athéniens de Salamine, électrisés par Thémistocle, et devant les confédérés de Platée, qu'animent Aristide et Pausanias.

Et ici un fait inoubliable.

Le jour même de la bataille de Platée, pendant que, sous le commandement de Léotichyde, les Athéniens vont achever la déroute des Perses dans les eaux de Mycale, ils choisissent pour cri de ralliement *Hébé, l'éternelle jeunesse.*

L'histoire t'a prise au mot, ô glorieuse Athènes, métropole immortelle du génie, de la vaillance, de la liberté et de l'art ! Tu brilles d'une éternelle jeunesse dans le temple de la postérité éblouie et subjuguée. Que dis-je, ta gloire artistique inégalée semble grandir à mesure que s'écoulent les siècles. Vainement tu tombas sous les griffes de l'avide louve romaine ; par tes philosophes, par tes artistes, tu domptas tes vainqueurs, et quand ils voulurent implanter dans tes glorieuses murailles leurs cirques, cette abomination des abominations romaines, tu refusas, en montrant, du geste de Demonax, l'autel pieux que, seul dans l'antiquité, tu avais élevé à la Pitié sainte, ornant ainsi ta couronne de gloire du fleuron de la bonté, le plus brillant de tous. Oui, plus réellement que la déesse qu'invoquèrent tes guerriers le jour de Mycale, tu brilles au sommet de l'histoire d'une éternelle jeunesse.

La victoire de la philosophie contre la religion des *citoyens* contre les *croyants*, sera plus complète encore, car du triomphe de la liberté humaine la pensée va profiter. Bientôt, en effet, paraissent Épicure, le maitre sublime de la philosophie matérialiste; Antisthène et Diogène, les chefs de la forte école cynique; Socrate et Platon, les créateurs de la morale idéaliste; l'encyclopédique Aristote.

Ce philosophisme républicain débordant ne pouvait rester sur la défensive en face du magisme religieux toujours menaçant, et il y eut encore un beau triomphe de la philosophie sur la religion, de la confiance de l'homme en ses propres forces contre la croyance résignée, lorsque, après Issus et Arbelles, les trente-cinq mille piques helléniques du Macédonien étincelèrent des plages illustres de l'Asie Mineure et de l'Afrique occidentale aux rives presque fabuleuses du Gange et de l'Indus.

Il fut bien manifeste cette fois que, lorsque la liberté et le civisme avaient présidé à son éducation, un peuple, même petit par le nombre, pouvait vaincre les anciens dieux et leur arracher la direction des plus riches, des plus vastes empires (1).

______

(1) Ceci soit dit, sans prétendre justifier l'orgie militaire de l'indigne héros dont la glorification est la plus odieuse mystification de l'histoire. Combien peu l'immense empire persique pouvait résister à des guerriers helléniques; les succès foudroyants d'Agésilas et la brillante retraite des Dix-Mille le disaient suffisamment. D'autre part, Philippe, l'élève

IV

LA MORALE PHILOSOPHIQUE DANS L'ANTIQUITÉ.

Comme il est dans la nature de l'homme de maximer ses acquisitions et ses expériences, cette apothéose de la valeur individuelle — qui ne va pas d'ailleurs sans quelques inconvénients moraux et sociaux — devait trouver son expression dans une philosophie de la dignité humaine; ainsi en advint-il.

Pendant que la belliqueuse et brillante Hellénie prenait l'empire du monde, faisait d'Alexandrie, de Pergame et d'Antioche de nouvelles métropoles de l'esprit humain, Zénon vint enseigner sous les por-

---

d'Épaminondas, avait, après son triomphe de Chéronée, amassé plus d'éléments de victoire qu'il n'en fallait pour, selon le mot d'alors, *helléniser l'Orient*. La Perse ne fut donc pas domptée par Alexandre, qui commit autant de fautes que de crimes, elle le fut par les fortes et invincibles *phalanges* de Philippe, au-dessus desquelles planait l'ailé souffle de feu que Michelet appelle si bien « l'âme de l'Hellénie ». Le fils d'Olympias, le jeune et féroce écervelé qui trempa probablement dans l'assassinat de son père, débuta par l'horrible sac de Thèbes (Thèbes rasée, 30,000 citoyens thébains vendus comme esclaves en un jour), continua ses jeux cruels par les barbares folies qui suivirent la prise de Gaza ; puis vinrent les crimes plus personnels : l'assassinat, dans un moment d'ivresse, de Clitus, son sauveur ; la mise en croix du philosophe Callisthène (neveu d'Aristote), qui avait refusé d'adorer le tyran ; tout cela couronné par les honteuses orgies de Babylone.

Un tel homme était étranger au véritable héroïsme hellé-

tiques du Pécile d'Athènes (1) la noble morale de la conscience humaine et de la souveraineté de la raison.

Avant Zénon, Épicure, tant calomnié, avait enseigné que le bonheur consiste dans la tranquillité sereine de l'esprit ou *ataraxie*, que l'homme peut acquérir en se délivrant de la terreur de dieux imaginaires, en maîtrisant ses désirs et en pratiquant la prudence, la tempérance, l'honnêteté et la justice. Antisthène et Diogène avaient appelé les hommes à la liberté et à la dignité philosophiques. Platon avait célébré l'identité de la science du bien et du beau dans l'*Idée* pure et dans l'*Amour* et recommandé aux hommes la pratique de trois vertus (pour la raison, la *Sagesse* ; pour le cœur, le *Courage* ; pour la sensibilité, la *Tempérance*) qui se confondent dans la *Justice*, vertu harmonique consistant à rendre ce qui est dû non seulement à chaque homme, mais encore à chaque être, à chaque chose.

---

nique, qu'il dévoya, corrompit et déshonora. Aussi disparut-il justement dans un nuage de sang et d'ignominieuses débauches, ayant mérité, non pas les lâches apothéoses d'historiens menteurs et serviles, mais la flétrissure vengeresse de la véridique histoire qui doit, elle aussi, rentrer dans les lignes morales de la vérité et de la justice qu'elle a trop souvent foulées aux pieds jusqu'ici, devenant ainsi la corruptrice des peuples et des individus au lieu d'être leur éducatrice, et qui, en glorifiant les Alexandre, prépare les César, et, en divinisant les César, appelle les Napoléon.

(1) D'où le nom de la doctrine *Stoïcienne*, de *Stoa*, portique.

Enfin, contrairement à l'école *cyrénaïque* que venait de fonder Aristippe, et qui est toute contenue dans la recherche sans frein du plaisir, Aristote, voyant surtout le bonheur dans l'activité intellectuelle et dans l'action guidée par la raison, au sein des circonstances favorables à cette action même, avait écrit que *la vertu est dans le juste milieu en toute chose*, c'est-à-dire dans la modération (1).

Mais jamais encore on n'avait enseigné, avec la vigueur stoïcienne, que la vertu se suffit à elle-même, que l'homme vertueux est heureux par cela même et qu'il dépend toujours de lui de braver le destin, en disant, comme devait plus tard faire Possidonius, torturé à Rhodes : « Douleur, tu as beau faire, tu n'es pas un mal. »

Inauguré par Zénon, systématisé par Chyrisippe, exagéré par Cléanthe, puis propagé par Ariston de Chio, Diogène de Babylone, Panétius de Rhodes, Possidonius d'Apamée et Antipater de Thessalonique, le stoïcisme se condensa dans la doctrine que l'on peut résumer ainsi :

---

(1) Voici quelques-unes des déterminations de vertus d'Aristote :

Défaut	*Juste milieu*	*Excès*
Lâcheté	Courage	Témérité
Insensibilité	Tempérance	Intempérance
Ladrerie	Libéralité	Prodigalité
Humilité	Grandeur d'âme	Gloriole

La théorie est passée en proverbe : *In medio stat virtus.*

Nous devons aimer le bien pour lui-même et non pour le bonheur qui, dans cette vie ou dans une autre, doit en résulter pour nous. Le plaisir et la douleur ne sont rien pour le sage, car pour lui *le juste est le seul bien, l'injuste est le seul mal*, et tout ce qui n'est en soi ni juste, ni injuste, doit être indifférent à ses vœux.

Le bonheur et la vertu se confondent ; ils dépendent de nous : sachons vouloir. Notre bien et notre mal sont dans notre volonté, car la volonté intérieure et libre de l'homme est suffisante pour le soustraire aux coups de la fortune et des autres hommes. Il y a sans doute des choses qui ne dépendent pas de nous, dédaignons-les, et ne mettons notre bonheur que dans les choses qui dépendent de nous.

Là est le secret du bonheur :

Les choses qui ne dépendent pas de nous sont le corps, les biens, la réputation, les dignités, en un mot toutes les choses qui ne sont point du nombre de nos actions. Les choses qui dépendent de nous sont libres par nature : rien ne peut ni les arrêter, ni leur faire obstacle ; quant à celles qui ne dépendent pas de nous, elles sont faibles, esclaves, sujettes à mille obstacles et à mille inconvénients, et entièrement étrangères à l'homme... La maladie, par exemple, est un empêchement du corps, et nullement de la volonté, à moins qu'elle-même ne le veuille. Je suis boiteux, voilà un empêchement pour mon pied, mais pour ma volonté, point. Pour tous les accidents qui t'arrêteront, dis-toi la même chose, et tu trouveras qu'ils sont toujours un empêchement pour quelque chose, non pour toi.

Va jusqu'au mépris de la souffrance, de l'opprobre et de la mort, et la volonté sera affranchie ; en te faisant libre tu seras heureux et indépendant de Dieu même, car si tu dois à Dieu de vivre, tu ne dois qu'à toi seul de bien vivre.

Impitoyable envers lui-même, le stoïcien est doux à autrui, il étend sur tous sa sympathie, les hommes sont ses fils et les femmes ses filles, il va les trouver pour leur dire où sont les maux (1).

Il veille et peine pour l'humanité entière, car, s'élevant au-dessus de la famille, de la cité, de la patrie, il prêche l'amour

(1) ÉPICTÈTE, *Entretiens*.

du genre humain. L'Athénien disait : O chère cité de Cécrops ; le stoïcien, citoyen du monde, s'écrie : O chère cité de Jupiter (1).

Le stoïcien va plus loin, il étend sa bonté à tout ce qui vit, car il règne entre tous les êtres et entre toutes choses un nœud sacré, un rapport de famille (2).

La noble doctrine passa d'Athènes à Rome, où elle devint l'inspiratrice de toutes les nobles âmes, influençant Cicéron même. Elle honora par ses Caton, ses Helvidius Priscus, ses Thraséas, ses Pétus, ses Barea Soranus et quelques femmes héroïques, dont l'Arria de Pétus et la Pauline de Sénèque, le souvenir de la République. Si puissante était son action sur les meilleurs de la Rome du IIᵉ siècle, qu'avec Antonin le Pieux et Marc-Aurèle elle s'assit sur le trône impérial. Il parut alors que la philosophie libératrice allait succéder aux religions épuisées dans le gouvernement des hommes. Tout annonçait que l'ère de paix, de lumière, de réparation et de justice prophétisée par Virgile allait ouvrir ses portes d'or devant l'humanité éblouie et conviée aux plus splendides destinées.

Qui aurait craint alors que la secte obscure, aux principes irrationnels et décevants, qui avait pris naissance dans la plus antipathique des peuplades sémitiques, flagellée de si haut par Tacite, pourrait,

---

(1) Marc-Aurèle, *Pensées.*
(2) Sénèque, *Traité des bienfaits.*

malgré la prétention de ses Tertullien, aspirer à la domination des âmes ?

Il en fut pourtant ainsi, non pas en suite d'une inexplicable déviation de l'esprit humain, mais en conséquence du vice capital de la doctrine stoïcienne, toute négative au point de vue social. En effet, tout au perfectionnement individuel, à l'exaltation de la conscience et de la dignité intérieure de l'homme, le stoïcisme n'osa rien entreprendre pour mettre fin aux deux plus intolérables iniquités du monde romain : l'*esclavage* et les *cirques*.

La masse immense des asservis et des victimes se détourna d'une philosophie qui n'était accessible qu'aux forts et qui, au lieu de se servir du sceptre impérial pour faire de la justice, pour ressusciter les anciennes libertés, ne savait qu'élaborer de belles maximes morales. Les souffrants et les espérants écoutèrent les illuminés galiléens qui leur parlaient d'un Dieu mort du supplice des esclaves pour la rédemption de tous les opprimés, et c'est ainsi que, pour ne pas avoir doublé sa pure morale d'une politique sociale, le stoïcisme livra pour seize siècles le monde au fanatisme religieux le plus compresseur et le plus rétrograde, et d'autant plus déplorable qu'il généra un fanatisme hérétique pire encore : l'Islamisme (1).

____

(1) Dans un livre trop peu connu : *Uchronie, histoire de la*

V

LA MORALE PHILOSOPHIQUE DANS LES TEMPS MODERNES.

Le plus justement illustre des moralistes modernes, Emmanuel Kant, a relevé, il y a un siècle, en l'or-

---

civilisation européenne, comme elle aurait pu être et comme elle n'a pas été, Ch. Renouvier, fait vivement ressortir ce défaut du stoïcisme. Il suppose que Marc-Aurèle, se reconnaissant meilleur philosophe que bon empereur, a cédé l'empire à certaines conditions à son lieutenant Varus. Celui-ci ferme les cirques, abolit graduellement l'esclavage, reconstitue les libertés communales, réforme l'impôt et établit la République. Une Europe nouvelle naît et se développe. Lorsque les Barbares du nord tentent leurs invasions du cinquième siècle, ils se trouvent devant d'innombrables légions de libres citoyens fortement attachés à leur sol natal en vertu d'un système agraire plus radical que celui des Gracques, et ils sont facilement vaincus et refoulés en Orient. Là, sous l'influence des évêques et des fanatiques chrétiens, les hordes germaniques adhèrent au christianisme qu'elles féodalisent, et bientôt, à la tête de toute la moinerie catholique, elles tentent de nouveau la conquête de l'Occident, sous prétexte que les *Infidèles* gardent à Rome le tombeau des apôtres Pierre et Paul. Les Germains sont encore vaincus par les fédérés républicains d'Occident. Mais cette nouvelle victoire a pour résultat de faire réfléchir les vaincus ; ils s'éprennent de la civilisation occidentale, et au retour ils proclament la réforme religieuse et entrent dans le cercle des peuples occidentaux, dont la marche vers le progrès est si rapide qu'en l'an 1000 ils se sont déjà constitués en États-Unis d'Europe s'épanouissant chacun dans la paix générale, dans la liberté politique et dans la justice sociale.

C'est une forte et juste critique que cette utopie d'un sage et savant philosophe contemporain.

nant de sublimes devises, le glorieux drapeau du stoïcisme.

Comme les stoïciens, Kant veut que la vertu soit désintéressée, « autrement on est au marché et non dans la maison de Jupiter. »

Il est vrai que par ses postulats de l'existence de Dieu et de l'*immortalité de l'âme* il déroge à son principe, et de la façon la plus fâcheuse, en tombant dans les sanctions extra-terrestres des morales religieuses, dérogation que lui a justement et vivement reprochée Schopenhauer (1).

Les trois grands motifs de la morale kantiste ont été formulés comme suit :

Toutes les actions moralement bonnes doivent dériver des lois morales que nous prenons pour maximes, et les lois elles-mêmes doivent émaner *du principe suprême de la moralité*, qui veut universellement et nécessairement. Ce n'est qu'à certaines conditions que les actions des hommes auront des règles certaines et déterminées. Ce principe général suprème peut être exprimé de différentes manières, mais qui ne diffèrent point quant au fond.

I. — *Agis d'après des règles et des maximes telles que tu puisses vouloir qu'elles soient érigées en lois générales pour toi et pour tous les autres hommes.* Si, par exemple, nous ne pouvons jamais vouloir que ce soit une maxime générale parmi les hommes de tromper, de voler, d'abréger sa vie par

---

(1) Tout cela repose sur cette hypothèse que l'homme dépend d'une volonté étrangère qui lui commande et lui édicte des châtiments et des récompenses... Morale d'esclaves... (Schopenhauer, *le Fondement de la morale*, traduction d'A. Burdeau.)

l'intempérance, nous rejetterons cette maxime comme moralement mauvaise.

II. — *Ne traite jamais les êtres raisonnables, toi-même ou les autres, comme de simples moyens pour des fins arbitraires, mais comme des fins en soi.* Ceux-là manquent à cette maxime qui ne se servent de leur raison que pour se procurer de nouveaux moyens de jouissance et en oublient la principale destination.

Il en est de même de ceux qui traitent les autres hommes comme de simples choses, ainsi que de ceux qui compriment la liberté de conscience d'autrui par des vues intéressées, ou qui le trompent dans leur intérêt.

III. — *Agis d'après des maximes telles que toi-même, si tu étais législateur universel, tu puisses les ériger en lois pour des êtres raisonnables.* Ce que tu veux que les autres fassent ou ne fassent pas à ton égard, toi-même fais-le ou ne le fais pas par rapport à eux. Il y aurait contradiction dans ta propre raison, si tu voulais que quelque chose te fût permis, quand ta raison trouverait d'ailleurs qu'il ne peut l'être aux autres.

Le devoir kantiste a deux grandes divisions :

Les devoirs envers soi, dont voici l'énumération :

1° Chercher à conserver et à relever la dignité humaine ; 2° conserver notre vie ; 3° conserver nos facultés intellectuelles et travailler à les développer ; 4° conserver notre santé ; 5° conserver notre bonheur.

Les devoirs envers autrui ont pour formule :

1° Respecter les autres êtres comme des êtres raisonnables ; 2° conserver et augmenter leur dignité d'hommes ; 3° conserver la vie, la santé et toutes les forces corporelles des autres hommes ; respecter et conserver leurs biens ; 4° être véridique ; 5° respecter nos engagements.

Les devoirs sé divisent encore en devoirs *parfaits* (obligatoires) et devoirs *imparfaits* (facultatifs).

Règle générale : ne pas faire le mal *obligatoire*, faire le bien *facultatif*.

Noble et simple dans ses inspirations, élevée et pure dans ses buts, l'éthique kantienne a été moins heureuse dans la recherche de son critérium moral, qu'elle a cru trouver, non pas dans les sentiments affectifs et dans les intérêts sociaux de l'être humain, mais dans cette chose indécise et mouvante qui a nom la conscience humaine (1).

Au point de vue individuel, chaque conscience est le produit de conditions particulières d'hérédité, d'éducation, de milieu, de circonstances, de situation

---

(1) « Bien des gens s'étonneraient s'ils pouvaient voir de quels éléments cette conscience, dont ils se font une si *pompeuse* idée, se compose exactement : environ 1/5 de crainte des hommes, 1/5 de craintes religieuses, 1/5 de préjugés, 1/5 de vanité et 1/5 d'habitude; en somme, elle ne vaut pas mieux que l'Anglais dont on cite ce mot : *I cannot affard to keep a conscience* (entretenir une conscience, c'est trop cher pour moi). Les personnes religieuses, quelle que soit leur confession, n'entendent souvent, par ce mot de conscience, rien autre que les dogmes et les préceptes de leur religion, et le jugement qu'on porte sur soi-même en leur nom; c'est en ce sens qu'il faut entendre les mots *intolérance* ou *conscience imposée*, et pour les théologiens, les scolastiques et les casuistes du moyen âge et des temps modernes : *la conscience d'un homme*, c'était ce qu'il connaissait de dogmes et qu'il avait de préjugés. » (SCHOPENHAUER, *Fondement de la morale.*

qui font qu'elle ne ressemble pas aux autres. Autant d'hommes, autant de consciences.

« Mais votre conscience? » objectait un personnage de comédie à un usurpateur qui se félicitait de son crime. « Eh! Seigneur, répondit-il, où git-elle, ma conscience? Si c'était une engelure, elle m'obligerait à mettre des pantoufles; mais je ne sens pas dans mon sein la présence de cette divinité (1). »

La conscience est le frein des mieux doués; mais elle est trop inégale et trop restreinte dans ses manifestations pour que nous puissions chercher là une base morale d'ordre général.

Dira-t-on que de la moyenne des consciences se forme, sous la pression du même courant historique, une conscience générale qui sert de mesure à l'impératif catégorique? Il sera facile de répondre que cette conscience générale elle-même, toujours assez vague du reste, se développe sans cesse, c'est-à-dire se modifie constamment dans le temps; elle ne saurait donc être un *substratum* moral permanent. En tout cas, elle n'est qu'une résultante indécise d'où s'échappe constamment le flot vivant des consciences individuelles qu'elle ne peut contenir et qui retombent au-dessous d'elle et la dépassent.

Ce trop grand dédain des réalités sentimentales et sociales n'a pas échappé aux plus éminents dis-

---

(1) SHAKESPEARE, *la Tempête*, acte II.

ciples hétérodoxes de Kant, tels que Fichte et Lange en Allemagne, et Ch. Renouvier en France.

Fichte dit bien, lui aussi : « Le motif moral est absolu, il commande simplement sans intervention d'aucune fin différente de lui-même. » Mais il ajoute, dans un élan d'enthousiasme inspiré par l'explosion de la Révolution française, qui fascina Kant lui-même: « Non, ne nous quitte point, *Palladium* sacré de l'humanité, pensée consolante que de chacun de nos travaux, de chacune de nos douleurs, naît pour nos frères une nouvelle perfection, une joie nouvelle, que pour eux nous ne travaillons pas en vain. »

Motif humain au premier chef, le culte du progrès, et nous voilà loin de l'impératif catégorique.

Lange, l'illustre auteur de l'*Histoire du Matéria-lisme*, se conforme à l'heureuse hétérodoxie de Fichte, lorsque, après avoir repoussé les postulats de la *Raison pratique* de Kant et déclaré que c'est en nous que nous trouvons la loi morale de l'obser-vance de laquelle dérive la félicité, il ajoute : « Nous ne devons jamais séparer notre bonheur du bonheur commun, et notre moralité est en raison de notre solidarisme pratique. »

Nous sommes là en pleine morale sociale, ce qui n'a rien d'étonnant, Fichte et Lange ayant été so-cialistes en même temps que philosophes. De même Ch. Renouvier, le chef honoré du criticisme français, a paré sa forte philosophie d'aspirations nettement socialistes. Dans son beau livre la *Science de la morale*, il élabore tout un plan de réformes sociales.

Il n'en est pas moins vrai que le *kantisme*, comme il en fut du *stoïcisme* et du *cynisme*, ne tend à agir que sur l'homme lui-même, abstraction faite des conditions sociales dans lesquelles se meut ce dernier. Là est le point dolent de ces doctrines morales, si dignes, par d'autres côtés, de la vénération des hommes, et c'est pourquoi nous devons, tout en profitant de leurs nobles enseignements, chercher en dehors d'elles les lois, les formules et les conditions d'être de la morale sociale.

VI

LA MORALE UTILITAIRE.

L'ironie de Rabelais, le scepticisme bienveillant et tolérant de Montaigne, les généreuses protestations antichrétiennes de Giordano Bruno, de Vanini, d'Étienne Dolet, et surtout la restauration, par Bacon, de la méthode scientifique, avaient obligé, dès le réveil de la pensée, les moralistes à rechercher des bases éthiques plus concrètes que la *crainte de Dieu* ou *la conscience*.

L'impulsion était venue de plus d'un côté. Grotius, qu'allait suivre Puffendorf, avait, dans son *Droit de*

guerre et de paix, remis en honneur la vieille formule d'Aristote que le but de la société est le bien de ses membres. Dans cette voie, où nous trouvons également Locke, Spinosa était allé plus loin; il avait jeté les bases du *Contrat social* que J.-J. Rousseau devait si brillamment habiller et populariser en France, non sans le sophistiquer. De cette idée découle le droit du nombre et l'avènement de ce que Spinosa, véritable précurseur de la Révolution française, appelle déjà la *Démocratie*, laquelle dit-il, est définie « une assemblée générale d'hommes possé-
« dant collectivement un droit commun sur tout ce
« qui est en sa puissance ». D'où il ressort, conclut-il, « que le souverain n'est lié par aucune loi. »

Toute la doctrine démocratique moderne est dans ces paroles du grand Barruch. On reconnaîtra que ce réalisme était tout à fait la contre-partie du néo-stoïcisme dont Pomponace, le matérialiste démocritain, avait été le plus grand représentant moderne (1).

---

(1) La vraie récompense de la vertu, c'est la vertu elle-même, qui rend l'homme heureux ; car la nature humaine ne peut posséder rien de plus sublime que la vertu; elle seule donne la sécurité à l'homme et le préserve de toutes les agitations. Chez l'homme vertueux, tout est en harmonie, il ne craint rien, il n'espère rien, et reste toujours le même dans la prospérité comme dans l'infortune. Le vieux trouve sa punition dans son vice même. « (POMPONACE, *Traité contre l'immortalité de l'âme.*)

Spinosa lui-même, inconséquent avec sa propre doctrine démocratique, s'inspirait du même principe, témoin le célèbre

Malheureusement, dans cé sombre et dur dix-septième siècle, fils d'un siècle plus viril mais non moins rude, l'*utilitarisme social* de la nouvelle philosophie ne pouvait guère être compris. Dans l'asservissement général et dans la paupérisation déprimante qui découlaient de la monarchie à son apogée, les antagonismes individuels, l'âpreté du gain à laquelle les progrès économiques ouvraient de nouvelles carrières, étaient exclusivement surexcitées.

Ils trouvèrent l'un et l'autre leur philosophe dans Hobbes, que l'on peut considérer comme le successeur des cyrénaïques antiques et le premier maître de l'utilitarisme individualiste moderne.

D'après l'auteur de *Léviathan*, si une personne veut nuire à une autre, du moment qu'il n'existe entre elles aucun pacte, on peut dire que la première fait du tort à la seconde, non qu'elle commet une injustice, car comme il n'y a ni justice ni droits abstraits, il n'y a pas non plus de devoirs. Tout est recherche de l'intérêt personnel, l'homme est un loup pour l'homme (*homo homini lupus*).

Ce monde est le théâtre de la guerre de tous contre tous (*bellum omnium contra omnes*). Il n'y a de droits que lorsqu'il y a société et contrat; mais il ne peut y avoir contrat et société durable, vu l'indomp-

---

axiome : *Beatitudo non est virtutis præmium, sed ipsa virtus,* la vertu n'a pas en vue le bonheur; elle est elle-même sa propre récompense.

table égoïsme de la populace, que sous le despotisme absolu d'un monarque omnipotent, véritable Lévia-than social.

Le dilemme n'est pas consolant : la sauvagerie ou la tyrannie ; Hobbes vivait au temps de Louis XIV et de Charles II. C'est une excuse que ne pourrait in-voquer au même degré La Mettrie, disant en plein XVIIIe siècle (à la cour de Frédérick de Prusse, il est vrai) : « La vertu et la vérité sont des êtres qui ne « valent qu'autant qu'ils servent à celui qui les pos-« sède... Mais, faute de telle ou telle vertu, de telle « ou telle vérité, les sociétés et les sciences en souf-« friront ! — Soit, mais si je ne les prive pas de ces « avantages, moi, j'en souffrirai. Or, est-ce pour au-« trui ou pour moi que la raison m'ordonne d'être « heureux ? »

La Mettrie retardait ; son matérialisme partait du point de vue *mécaniste* du sec et peu recomman-dable Descartes, dont le caractère fut si inférieur à l'intelligence ; tandis que déjà le siècle généreux et vaillant du philosophisme se plaçait au point de vue *finaliste* ou *téléologique*, glorifiait le sentiment (1) et considérait que les choses ont une destinée que

---

(1) Le XVIIIe siècle fut un siècle sympathique à la souf-france... il a été très humain ; c'est lui qui nous a donné le mot *bienfaisance*, expression caractéristique de ses aspira-tions. (E. DE POMPÉRY, *Revue philosophique et religieuse*.)

dans une certaine mesure l'action humaine peut améliorer.

Que si donc les sanctions extra-terrestres étaient repoussées avec mépris, si la vertu pour la vertu n'était pas très en faveur, l'intérêt n'était accepté comme motif moral que soigneusement épuré par le sens social, il devenait alors *l'intérêt bien entendu.*

« Rechercher le bonheur en faisant le bien, en s'exerçant à la connaissance du vrai, disait Diderot, en ayant toujours devant les yeux *qu'il n'y a qu'une seule vertu, la justice,* un seul devoir, se rendre heureux. »

D'Alembert insiste plus vivement sur le côté social du devoir : « La vertu est le supplément des lois : la vertu sera d'autant plus pure que l'on sera plus rempli de l'amour de l'humanité. »

Plus optimiste, en même temps que plus étroit en morale, est Helvétius : « Le désir de notre bonheur suffit pour nous conduire à la vertu, » affirme-t-il sophistiquement, car il suppose chez tout homme le sentiment de la justice et de la solidarité, quand il y a si loin de cette supposition à la réalité des choses. L'auteur de *l'Esprit* en a lui-même cons-cience, puisqu'il dit plus loin que ce sont les lois qui détermineront les limites du droit individuel et les justes exigences du droit social.

Le Mécène des philosophes du XVIIIe siècle, l'auteur matérialiste du *Système social,* tout en basant sa morale sur l'intérêt, ne manque pas de donner à ce dernier le croc-en-jambe des limitations sociales. « Le mot intérêt, dit effectivement le baron d'Holbach, est le synonyme de corruption, d'injustice, de petitesse dans un avare, un courtisan, un tyran. Dans l'homme de bien, intérêt signifie : équité, bienfaisance, grandeur d'âme. »

Qu'est-ce à dire, sinon que le devoir social doit gouverner sous le règne de l'intérêt bien entendu. Et qu'il va loin, ce devoir social. D'Holbach dit encore : « J'aime le principe de l'homme sensible qui a dit qu'on ne devrait ni battre un chien, ni tuer un insecte, sans cause suffisante pour se justifier devant le tribunal de l'équité. »

Volney (*les Ruines*) fait de l'amour du prochain un précepte par raison d'égalité et de réciprocité, car lorsque nous nuisons à autrui nous lui donnons le droit de nous nuire à son tour.

« Le vice et la vertu ne sont que des rapports, avance à son tour Marmontel, dans *le Misanthrope converti* : est vice ce qui nuit aux hommes, est vertu ce qui leur fait du bien. » Necker, l'homme d'État illustre, dont son illustre fille, Mme de Staël (1), a dit que l'intelligence était un rayonnement de bonté éclairée et active, est un véritable précurseur des altruistes, et va plus loin. Selon lui, la

---

(1) Mme DE STAEL, *Mémoires de dix ans d'exil.*

bonté, c'est la vertu même, c'est la beauté primordiale, et sur elle reposent toutes nos acquisitions, toutes nos espérances de bonheur (1).

Condorcet, qui voit dans *l'égalité le dernier but de l'art social*, n'a pas non plus assez de paroles pour recommander la bienveillance.

C'est là de la morale sociale, et nous la trouverons telle encore aussi bien chez Saint-Lambert (*Cathéchisme civique*) que chez le bon abbé de Saint-Pierre, dont la devise était : *Donner et pardonner*.

L'Utilitarisme semblait donc devoir rapidement parcourir les étapes de l'intérêt de mieux en mieux entendu pour se métamorphoser en morale sociale.

Mais s'il y a loin de la coupe aux lèvres, il y a plus loin encore de la théorie à la pratique.

Une théorie progressive ne répond d'abord qu'à la mentalité de l'élite des penseurs et des militants. Lorsqu'on la plonge, pour l'y cristalliser en règle de conduite, dans l'océan de la masse, c'est par ses parties faibles et défectueuses qu'elle est d'abord traduite en fait : la morale de *l'intérêt bien entendu* devient, dans l'application, la vulgaire morale de l'intérêt tout court, de la société bourgeoise actuelle.

- Ce que le nouveau principe a produit, les iniquités du capitalisme oppresseur et spoliateur, les

---

(1) NECKER, *de l'Importance de l'opinion religieuse*.

douleurs du prolétariat opprimé et exploité, en un mot la situation actuelle si troublée, si pleine de mécontentements, de souffrances, d'incertitudes et de menaces, le disent suffisamment.

Les économistes, rhapsodes inexorables du *laisser-faire*, applaudissent toujours et justifient imperturbablement, semblables à ce perroquet de Florian, à qui les matelots avaient appris à dire : *Cela ne sera rien*, et qui répétait encore l'insouciant refrain au moment où le vaisseau désemparé par la tempête disparaissait sous les flots.

La comparaison est juste devant le flot montant des mécontentements que suscite la guerre économique de tous contre tous, principe et fin de la société capitaliste bourgeoise.

VII

LA MORALE SOCIALE.

Aussi est-ce bien contre cet égoïsme pratique, cause de tant de dépressions, de tant de misères et de tant de crimes, que s'est levé le socialisme, en s'attachant principalement à la transformation des institutions, car il sait que les institutions dominent les mœurs.

En l'espèce, le socialisme veut, au mobile subversif de *l'intérêt individuel*, qui inspire et commande les actes dans l'inique société bourgeoise, substituer le mobile bienfaisant de *l'intérêt social*, principe adéquat d'une société fondée sur la justice et s'épanouissant dans les activités harmoniques et dans les joies communes de la solidarité.

Pour l'œuvre rédemptrice, les auxiliaires théoriques ne font pas défaut au socialisme, même parmi les plus illustres docteurs de la morale utilitaire.

Que dis-je? Tout en prétendant ne dresser que ce qu'il appelle une *arithmétique morale des plaisirs et des peines causés par les actes*, le chef même de la doctrine, le bon et génial Jérémie Bentham, trace d'une main sûre, en sa *Déontologie,* les grandes lignes de la morale sociale.

Bentham raconte qu'il cherchait depuis longtemps un système de morale auquel il pût s'attacher, lorsqu'un livre du Dr Priestley, à présent oublié, lui tomba par hasard sous la main; il y trouva pour la première fois cette formule écrite en italique : *Le plus grand bonheur du plus grand nombre !*

« A cette vue, je m'écriai, transporté de joie, comme Archimède lorsqu'il découvrit le principe fondamental de l'hydrostatique : *Eureka,* j'ai trouvé ! (1). »

Le plus grand bonheur du plus grand nombre, par la science, la justice, la bonté, le perfectionnement

---

(1) J.-M. GUYAU, *la Morale anglaise contemporaine.*

moral, on ne saurait en effet trouver plus vaste et plus humain motif éthique.

Bentham débute toutefois en utilitariste très décidé :

« Il est fort inutile de parler des devoirs... L'intérêt est uni au devoir dans *toutes les choses de la vie;* plus on examinera ce sujet, plus l'homogénéité de l'intérêt et du devoir paraîtra évidente... En saine morale, le devoir d'un homme ne *saurait jamais consister* à faire ce qu'il a intérêt à ne pas faire... par une juste estimation, il apercevra la coïncidence de ses intérêts et de ses devoirs. »

Mais au principe Bentham ajoute bientôt un correctif qui est la négation de l'utilitarisme vulgaire.

« Si, dit-il, la première loi de la nature, c'est de désirer notre propre bonheur, les voix réunies de la prudence et de la bienveillance se font entendre et nous disent : Cherchez votre bonheur dans le bonheur d'autrui. Si chaque homme agissant avec connaissance de cause dans son intérêt individuel obtenait la plus grande somme de bonheur possible, alors l'humanité arriverait à la suprême félicité, et le but de toute morale, le bonheur universel, serait atteint. »

Généreuses paroles que le grand utilitaire commente dignement en étendant sa bienveillance aux animaux dans les termes suivants :

« Ce que nous proposons, c'est d'étendre le domaine du bonheur partout où respire un être capable de le goûter, et l'action d'une âme bienveillante n'est pas limitée à la race humaine; car si les animaux que nous appelons inférieurs n'ont aucun titre à notre sympathie, sur quoi s'appuieraient donc les titres de notre propre espèce?

« La chaîne de la vertu enserre la création sensible tout entière.

« Le bien-être que nous pouvons départir aux animaux est intimement lié à celui de la race humaine, est inséparable du nôtre (1). »

Outre la précieuse recommandation altruiste, nous avons là un mobile nouveau bien supérieur à l'intérêt, *la recherche du bonheur*, car tout bonheur digne de l'homme civilisé est social dans sa source et dans son objet, en raison directe du développement intellectuel, affectif et moral du sujet.

(1) L'homme de bien comprend que les animaux mêmes, capables comme lui de jouissance et de souffrance, ont droit à sa compassion, et que, selon la belle expression de Bentham, la chaîne d'or de la sympathie doit enserrer toute la nature vivante. C'est la dernière des acquisitions morales. Un tel sentiment est entièrement inconnu des sauvages, sauf pour leurs animaux favoris. Il n'était pas moins étranger aux anciens Romains, comme le prouvent les abominables tueries du cirque.

Les stoïciens semblent en avoir eu quelque conscience; les premiers anachorètes le popularisèrent au sein du christianisme naissant; l'école utilitaire de Bentham lui a donné une place importante parmi les conditions de la vertu, et la philosophie transformiste, en proclamant l'origine animale de l'homme, doit contribuer encore à son développement. (L. CARRAU, *Etudes sur la théorie de l'évolution.*)

Alfred Fouillée et J.-M. Guyau, entre autres, l'ont magnifiquement démontré (1).

L'illustre J. S. Mill le comprend également ainsi, lorsqu'il pose en fait que le principe général auquel toutes les règles de la pratique devraient être conformes n'est autre que le bonheur du genre humain et de tous les êtres sensibles.

Le savant philosophe va plus loin; si le critérium utilitaire tolère certains désirs d'intérêt individuel à condition qu'ils ne seront pas nuisibles à autrui, « *il ordonne et exige* que la culture de l'amour et de la vertu soit poussée aussi loin que possible, comme étant de toutes choses ce qui importe le plus au bien général. »

Puis l'auteur de *l'Utilitarisme*, ou théorie du bonheur, s'efforce de prouver que l'intérêt individuel et l'intérêt collectif se confondent : « Ceux-là seulement sont heureux, dit-il, qui ont l'esprit tendu vers quelque objet autre que leur propre bonheur, par exemple vers le bonheur d'autrui, vers l'amélioration de la condition de l'humanité, même vers quelque acte, quelque recherche qu'ils poursuivent, non comme un moyen, mais comme une fin idéale.

« Aspirant ainsi à une autre chose, ils trouvent

---

(1) A. Fouillée, *Critique des systèmes de morale contemporaine.* — J.-M. Guyau, *Essai d'une morale sans obligation ni sanction. L'Irréligion de l'avenir.*

le bonheur chemin faisant. Les plaisirs de la vie — telle était la théorie à laquelle je m'arrêtai — suffisent pour en faire une chose agréable, quand on les cueille en passant sans en faire l'objet principal de la vie, et du coup vous ne les trouvez plus suffisants. Ils ne supportent pas un examen sérieux. Demandez-vous si vous êtes heureux, et vous cessez de l'être. Pour être heureux, il n'est qu'un seul moyen, qui consiste à prendre pour but de la vie non pas le bonheur, mais quelque fin étrangère au bonheur. »

Partant du même point de vue utilitaire, et en indiquant comme idéal moral *la vie complète dans la société complète*, Herbert Spencer voit deux morales en présence : la morale primitive de l'égoïsme et la morale idéale de l'altruisme, dont l'avènement n'est pas proche. Il en conclut qu'il est nécessaire qu'entre le commencement et la fin, pendant toute l'évolution sociale, il s'établisse transitoirement une morale transactionnelle qu'on peut appeler morale *égo-altruiste*, et qui dominera tant que l'altruisme ne sera pas généralisé. Schopenhauer n'aurait pas admis ces tempéraments du philosophe de l'évolution.

Pour le chef du pessimisme moderne, il n'y a que trois motifs généraux auxquels se rapportent toutes les actions des hommes : c'est seulement à condition de les éveiller qu'un autre motif quelconque peut agir. C'est :

a) L'*égoïsme*, ou la volonté qui poursuit son bien propre (il ne souffre pas de limites);

b) La *méchanceté*, ou la volonté poursuivant le mal d'autrui (elle peut aller jusqu'à l'extrême cruauté);

c) La *pitié* poursuivant le bien d'autrui (elle peut aller jusqu'à la noblesse et à la grandeur d'âme). Il n'est pas d'action humaine qui ne se réduise à l'un de ces trois principes ; toutefois, il peut arriver que deux y concourent.

Les actions inspirées par le premier motif sont quelquefois indifférentes, le plus souvent nuisibles à autrui ; celles inspirées par le second motif (la méchanceté) sont toujours blâmables et malfaisantes. Par contre, celles inspirées par le troisième (la sympathie ou la pitié) sont toujours bienfaisantes, par suite toujours morales.

La pitié (1) ou sympathie universelle, qui prend

---

(1) Concevons deux jeunes hommes, Caïus et Titus, tous deux passionnément épris de deux jeunes filles différentes : chacun d'eux se voit barrer la route par un rival préféré, préféré pour des avantages extérieurs.

Ils résolvent chacun de leur côté de faire disparaître de ce monde leurs rivaux ; d'ailleurs, ils sont parfaitement à l'abri de toute recherche, et même de tout soupçon. Pourtant, au moment où ils procèdent aux préparatifs du meurtre, tous deux, après une lutte intérieure, s'arrêtent.

C'est sur cet abandon de leur projet qu'ils ont à s'expliquer devant nous sincèrement et clairement. — Quant à Caïus, je laisse au lecteur le choix des explications qu'il lui mettra dans la bouche. Il pourra avoir été retenu par des motifs religieux,

aussi les animaux sous sa protection, est donc le principe de toute moralité, d'où l'on peut conclure

---

par la pensée de la volonté divine, du châtiment qui l'attend, du jugement futur, etc. Ou bien encore il dira : « J'ai réfléchi que la maxime de ma conduite dans cette circonstance n'eût pas été propre à fournir une règle capable de s'appliquer à tous les êtres raisonnables en général, car j'allais traiter mon rival comme un simple moyen, sans voir en lui en même temps une fin en soi. » — Ou bien, avec Fichte, il s'exprimera ainsi : « La vie d'un homme quelconque est un moyen propre à amener la réalisation de la loi morale : je ne peux donc pas, à moins d'être indifférent à la réalisation de la loi morale, anéantir un être dont la destinée est d'y contribuer. » (*Doctrine des mœurs*, p. 373.) — Ce scrupule, soit dit en passant, il pourrait s'en défaire ; car il espère bien, une fois en possession de celle qu'il aime, ne pas tarder à créer un instrument nouveau de la loi morale. — Il pourra encore parler à la façon de Wollaston : « J'ai songé qu'une telle action serait la réalisation d'une proposition fausse. » — A la façon de Hutcheson : « Le sens moral, dont les impressions, comme celles de tout autre sens, échappent à toute explication ultérieure, m'a déterminé à agir de la sorte. » — A la façon d'Adam Smith : « J'ai prévu que mon acte ne m'eût point attiré la sympathie des spectateurs. » — Avec Christian Wolff : « J'ai reconnu que par là je ne travaillais pas à ma perfection et ne contribuais point à celle d'autrui. » — Avec Spinosa : *Homini nihil utilius homine ; ergo hominem interimere nolui.* (Rien de plus utile à l'homme que l'homme même ; c'est pourquoi je n'ai pas voulu tuer un homme.) — Bref, il dira ce qu'il vous plaira ; — mais pour Titus, que je me suis réservé de faire expliquer à ma manière, il dira : « Quand j'en suis venu aux préparatifs ; quand, par suite, j'ai dû considérer pour un moment de quoi il s'agissait et pour moi et pour lui, la pitié, la compassion, m'ont saisi ; je n'ai pas eu le cœur d'y résister ; « je n'ai pas pu faire « ce que je voulais. »

Maintenant, je le demande à tout lecteur sincère et libre de préjugés : de ces deux hommes, quel est le meilleur ? Quel

que l'égoïsme est le motif antimoral par excellence (1).

Nous pourrions continuer cette revue des plus illustres moralistes sociaux par Auguste Comte, qui a donné du devoir moral cette belle définition : *Vivre pour autrui, en serviteur éclairé de l'Humanité;* par Feuerbach, **qui,** comme le chef du positivisme, veut substituer au culte des dieux détrônés par la science le culte de l'humanité; par Alfred Fouillée, qui fait de la morale une sorte d'esthétique sociale aboutissant à l'altruisme social, fils lui-même du croissant altruisme intellectuel; par le regretté J.-M. Guyau, pour qui toutes les impulsions morales se résolvent en un sentiment profond de la solidarité; par Fechner, par Wundt et autres non moins autorisés; mais les pages précédentes suffisent à établir la noblesse originelle de la morale sociale qu'il appartient au socialisme de faire accepter comme

---

est celui aux mains de qui on remettrait le plus volontiers sa destinée ? Quel est celui qui a été retenu par le plus pur motif? — Où est dès lors le fondement de la morale ? (SCHOPENHAUER, *les Fondements de la morale.*)

(1) L'égoïsme, source et résumé de tous les défauts et de toutes les misères quelconques (CARLYLE, *les Héros*), l'égoïsme donne la mesure de l'infériorité des êtres. Un être parfait ne serait plus égoïste. (RENAN, *les Apôtres.*) L'altruisme est le motif moral par excellence [1].

[1] « Le grand bien de l'humanité, c'est la bienveillance, ce sont les bienfaits, c'est l'amour. » (MIRABEAU, *Lettres à Sophie.*)

règle maîtresse des actions humaines, et qu'en attendant les socialistes doivent prendre pour règle de leur conduite personnelle.

Nul besoin de périlleuses affirmations mystiques, ni d'abstrus concepts métaphysiques pour s'inspirer des principes suivants, d'aussi facile compréhension que d'universelle efficacité :

Dans les relations sociales la justice et la solidarité ; dans les relations individuelles, la sincérité et la bonté ; dans les relations, avec tous les êtres, les animaux compris, la modération et la pitié.

Nous sommes sûrs de ne pas errer en nous faisant les pratiquants de la justice et de la fraternité envers nos semblables, de la compatissance et de la bonté envers et pour tous les êtres sensibles.

Tournez et retournez la question ; dans tout vice, vous trouverez l'égoïsme ; dans tout crime, la cruauté, manifestation aiguë de l'insensibilité aux maux d'autrui. Les criminologistes ne s'y trompent pas. Semez la sensibilité et la compatissance en même temps que la justice, et vous récolterez l'altruisme, cette morale des morales. Avec la bonne volonté dont parle Kant, la bonté et la pitié sont encore ce qu'il y a de meilleur dans l'âme humaine. Quand on les possède, même n'allant pas sans quelques défaillances de caractère ou d'actes, on possède la meilleure vertu, la vertu bienfaisante. Notre plus impérieux devoir moral est donc de les acquérir et préconiser tout d'abord.

A l'encontre du moraliste religieux, qui ne parle que de corruption humaine originelle et de vengeance divine ; différent du moraliste bourgeois, dont la courte vue ne dépasse pas l'horizon borné et étroit du *chacun pour soi*, le socialiste n'aborde la grave question du *critérium* moral qu'après avoir ressenti le frisson vivifiant de la sympathie universelle.

Comme le Faust de Gœthe, il sent toute la misère de l'humanité s'appesantir sur sa tête et meurtrir son cœur. Mais au lieu de ne jeter que le cri de désespérance égoïste : *Oh! que ne suis-je jamais né!* il dit avec Carlyle : « Mon seul espoir, mon inex- « pugnable consolation, quand je considère les mi- « sères du monde, est que tout ceci est en voie de « changement. »

Et il ne s'en tient pas à l'espérance, pas même à la bienveillance pratique si bien caractérisée par l'auteur de *l'Irréligion de l'avenir* (1), il sait qu'en nos temps troublés, mais actifs, mais féconds, aspirer au bien n'est pas suffisant : il faut travailler à son instauration, d'où, pour le socialiste, de nouvelles tâches.

---

(1) J'ai deux mains : l'une pour serrer la main de ceux avec qui je marche dans la vie, l'autre pour relever ceux qui tombent. Je pourrais même à ceux-ci tendre les deux mains ensemble. (GUYAU, *l'Irréligion de l'avenir.*)

Instruit par l'histoire de l'inefficacité des morales purement préceptorables, même pratiquées en exemple par les meilleurs, il se reconnaît d'autres devoirs de caractère plus militant. Il sait qu'il n'y a pas de régénération morale sans transformation sociale préalable, et il agit en conséquence.

Pour lui le *devoir moral* se complique donc du *devoir politique*, entraînant l'action incessante contre les oppressions, contre les inquités, et pouvant aller jusqu'à l'action révolutionnaire pour la conquête ou la défense de la liberté politique et de l'égalité sociale.

La morale altruiste ne deviendra effectivement la loi de tous que lorsqu'elle aura la justice sociale pour *substratum*, que lorsque la société sera organisée de telle façon, se comportera de telle manière, vis-à-vis de chacun de ses membres, qu'à tout homme social on puisse dire avec vérité sur le rythme virgilien :

Heureux enfant, connais ta mère à son sourire (1).

------

(1) VIRGILE, *Églogue IV.*

FIN

ŒUVRES DU MÊME AUTEUR

La Morale sociale : Genèse et Évolution de la morale.
— Morales religieuses. — Morales philosophiques, forte
brochure in-8°... 2 50

Manuel d'économie sociale, 1 volume in-18........ 2 50

Le Nouveau Parti. 1ᵉʳ volume : Le Parti ouvrier et ses
principes.. 1 50

Le Nouveau Parti. 2ᵐᵒ volume : Le Parti ouvrier et sa
politique... 1 50

Capital et Travail, de Lassalle, traduction française,
1 volume... 2 50

La Quintessence du Socialisme, de Schaeffle, traduction française, 1 volume................................. 1 »

Histoire de l'agiotage de 1717 à 1880, forte brochure in-8°... 1 50

Constantin Pecqueur, doyen du collectivisme, brochure in-8°... » 50

Le Socialisme-Réformisme, brochure in-8°........ » 60

Collection de la **Revue socialiste** (1ʳᵉ série 1880)...... 11 »

Histoire du Socialisme, édition populaire illustrée de
nombreux portraits d'hommes contemporains, 5 volumes
grand in-8°. Le volume...................................... 7 »

En préparation : **Le Socialisme intégral.**

LA REVUE SOCIALISTE

L'importance grandissante des questions sociales est le fait capital de cette fin de siècle.

La politique, l'économie, la morale et toutes les autres formes de l'organisme social révèlent un état d'agitation fiévreuse symptomatique d'une crise régénératrice.

C'est un impérieux devoir, pour tout membre de la grande famille humaine, de concourir à l'élaboration des solutions qui ouvriront à l'humanité une ère de justice, de paix et de bonheur.

La *Revue socialiste* fut fondée il y a cinq ans par Benoît Malon pour appeler tous ceux qui, sur le terrain de la liberté et de l'égalité républicaine, travaillent à l'avènement d'une société délivrée de l'ignorance et de la misère, des dernières formes du servage ; à la suppression de l'antagonisme des classes, par l'organisation sociale de la production et de la distribution des richesses. Et cela, à l'exclusion expresse de toute intolérance sectaire, de toute ambition personnelle ou des partis.

Le succès toujours croissant de l'œuvre est un garant de la scrupuleuse exécution du programme; la *Revue socialiste* a donc pu, à mesure que grossissait le nombre de ses lecteurs et de ses collaborateurs, augmenter l'importance du recueil et en améliorer fréquemment les conditions matérielles.

Elle est devenue aujourd'hui une importante publication de 128 pages in-8° paraissant tous les mois, relatant tous les faits d'ordre social et traitant de toutes les questions comprises dans le vaste cadre des revendications et des aspirations sociales et humanitaires.

Voici, à titre de spécimen, quelques-uns des articles publié par la **REVUE SOCIALISTE** en 1889 :

La dépopulation de la France, causes et remèdes, par GUSTAVE ROUANET. — Les confluents du socialisme, par B. MALON. — L'alcoolisme et les alcooliques, par EUGÈNE FOURNIÈRE. — La consommation considérée dans ses rapports avec l'évolution sociale, par G. DE GREEF. — Le droit de grève et ses conséquences, par P. BOISLEY. — Le bilan du christianisme et du judaïsme, par A. REGNARD. — Rabelais et l'Église, par F. AUDIGER. — Les impôts, par H. VEBER. — Le mouvement philosophique en France et à l'étranger, par A. REGNARD. — Le socialisme en Espagne, par B. MALON. — De la propriété collective, par C. DE PAEPE. — La vérité sur les chemins de fer serbes, par G. ROUANET. — Étienne Dolet, par BOURNEVILLE. — Le canal de Panama, par GUSTAVE ROUANET. — Le droit à l'assistance, par REGNARD. — Le chemin à parcourir, par BERNARD SHAW. — Les services publics, par C. DE PAEPE. — La civilisation bourgeoise et ses aboutissants, par B. MALON. — Le droit économique, par EUGÈNE FOURNIÈRE. — Pourquoi je suis socialiste, par Mme ANNIE BESANT. — La Révolution et l'Église, par E. RAIGA. — La protestation communiste dans le passé, par B. MALON. — Le peuple russe et son gouvernement, par A. HERZEN. — Un essai de synthèse sociologique, par G. ROUANET. — Chaumette, par A. REGNARD.

ABONNEMENTS

(Le prix de l'abonnement est payable d'avance.)

FRANCE.... Six mois, **9** francs. — Un an, **18** francs.
ÉTRANGER. — **10** francs. — — **20** francs.

On peut s'abonner sans frais dans tous les bureaux de poste de France et d'Algérie.

Les mandats doivent être adressés au nom de M. RODOLPHE SIMON

Le Numéro : 1 fr. 50 pour la France.
— 1 fr. 75 pour l'Étranger.

BUREAUX DE « LA REVUE SOCIALISTE »
8, Rue des Martyrs, Paris.

PARIS. — SOC. D'IMP. PAUL DUPONT (CL.) 150.5.90.